글 달시 패티슨

어린이 책 작가이자 글쓰기 교사입니다. 과학과 자연에 관심이 많아 어린이를 위한 과학 도서를 여러 권 집필했으며, 《다윈의 난초: 130년 만에 증명된 예측》을 비롯해 다섯 권의 도서가 전미 과학교사협회 우수과학 도서로 선정되었습니다. 현재 공상 과학 소설을 기획하고 집필하면서 글쓰기 교육과 강연을 활발히 하고 있습니다.

그림 피터 윌리스

일러스트레이션과 디자인 분야에서 20년이 넘게 활동한 일러스트레이터로 유머와 생기를 불어 넣는 기법의 그림을 좋아합니다. 달시 패티슨과 〈과학자처럼〉 시리즈와 《바다 괴물 대소동: 가짜 뉴스 이야기》 등을 함께 작업했습니다.

옮긴이 김경연

서울대학교에서 독문학을 전공하고 동대학원에서 '독일 아동 및 청소년 아동 문학 연구'라는 논문으로 문학박사학위를 받았습니다. 독일 프랑크푸르트대학에서 독일 판타지 아동 청소년 문학을 주제로 박사 후 연구를 했습니다. 옮긴 책으로 《교실 뒤의 소년》《미움을 파는 고슴도치》《다르면서 같은 우리》《행복한 청소부》《책 먹는 여우》 등이 있습니다.

클라드니의 소리

클라드니의 소리

초판 1쇄 발행 2022년 6월 17일

글 달시 패티슨   그림 피터 윌리스   옮김 김경연
펴낸이 김명희   편집 이은희   디자인 씨오디

펴낸곳 다봄   등록 2011년 6월 15일 제2021-000136호
주소 서울시 마포구 토정로 222 한국출판콘텐츠센터 305호   전화 02-446-0120   팩스 0303-0948-0120
전자우편 dabombook@hanmail.net   인스타그램 instagram.com/dabom_books

ISBN 979-11-92148-16-8 74400
      979-11-92148-10-6 (세트)

Clang!: Ernst Chladni's Sound Experiments
Text copyright © 2018 by Darcy Pattison
Illustrations copyright © 2018 by Mims House, LLC
All rights reserved.
Korean edition © 2022 Dabom Publishing
The Korean translation rights arranged through Rightol Media (Email:copyright@rightol.com) and
LENA Agency, Seoul, Korea.

이 책의 한국어판 저작권은 레나 에이전시를 통한 저작권자와 독점계약으로 다봄이 소유합니다.
신저작권법에 의하여 한국 내에서 보호를 받는 저작물이므로 무단전재 및 복제를 금합니다.

* 책값은 뒤표지에 있습니다.
* 잘못 만든 책은 구입한 곳에서 교환해 드립니다.

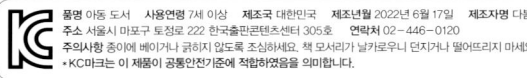

클라드니의 소리
소리가 보이는 모래 실험

달시 패티슨 글 · 피터 윌리스 그림 · 김경연 옮김

다봄.

1806년

클라드니는 독일 비텐베르크에 있는 집의 문을 잠그고……

널찍한 마차에 올라 길을 떠났어. 4년 뒤에나 돌아올 거야.
클라드니는 소리를 연구하는 과학자였어. 클라드니는 당시의 많은
과학자들과 달리 대학에서 강의하지 않고 여행을 다녔어.
그리고 소리 실험으로 사람들을 즐겁게 해 주며 돈을 벌었지.

클라드니는 2년 동안 네덜란드와 벨기에를 여행했어.
1808년에는 프랑스 파리로 가서 과학자들과 만났지.

프랑스 과학자들은 클라드니가 1802년에 출간한 《음향학》이라는 책을 좋아했어. 소리와 소리의 파동을 과학적으로 설명한 책이었어. 하지만 독일어로 쓰여 있었지. 프랑스 과학자들은 클라드니가 이 책을 프랑스어로 번역해 주기를 바랐어.

하지만 클라드니에게는 두 가지 문제가 있었지.

첫째, 번역하는 동안 먹고 살 수 있는 충분한 돈이 필요했어.

둘째, 프랑스어로 제대로 옮겼는지 확인해 줄 사람이 필요했어.

1809년 2월 어느 화요일 저녁 7시, 마차 한 대가 파리의 튈르리 궁전 앞에 멈추었어. 프랑스 황제 나폴레옹 보나파르트가 사는 궁전이었지. 어쩌면 나폴레옹 황제가 클라드니의 책 제작에 필요한 자금을 마련하도록 도와줄지도 몰라.

드 라플라스 후작

베르톨레

나폴레옹이 클라드니를 반가이 맞았어.
나폴레옹은 클라드니에게 아내와 어머니, 숙부와 보좌관을 소개했어.

보좌관 뇌샤텔 공 **숙부 페슈 추기경** **어머니 레티치아** **아내 조세핀 보나파르트**

클라드니는 재빨리 장비를 설치했어. 그리고 자신이 발명한 악기인 클라비실린더를 연주해서 사람들을 즐겁게 했지.

클라비실린더는 피아노처럼 보이지만 조금 달라. 피아노는 길이가 다른 현을 쳐서 소리를 내지만 클라비실린더는 유리 실린더를 회전시키며 소리를 내. 클라드니가 건반의 키를 누르면 막대가 움직이며 유리 실린더에 닿아 마찰을 일으켜 떨리는 소리를 냈어. 클라드니는 클라비실린더로 음악을 연주했어. 모두 즐거워했지.

나폴레옹이 클라비실린더를 직접 연주해도 되느냐고 물었어. 클라드니는 좋다고 하면서도 유리 실린더가 깨지지 않게 부드럽게 연주해야 한다고 말했어. 하지만 나폴레옹은 건반을 쾅쾅 두드렸지! 다행히 깨지지 않았어.

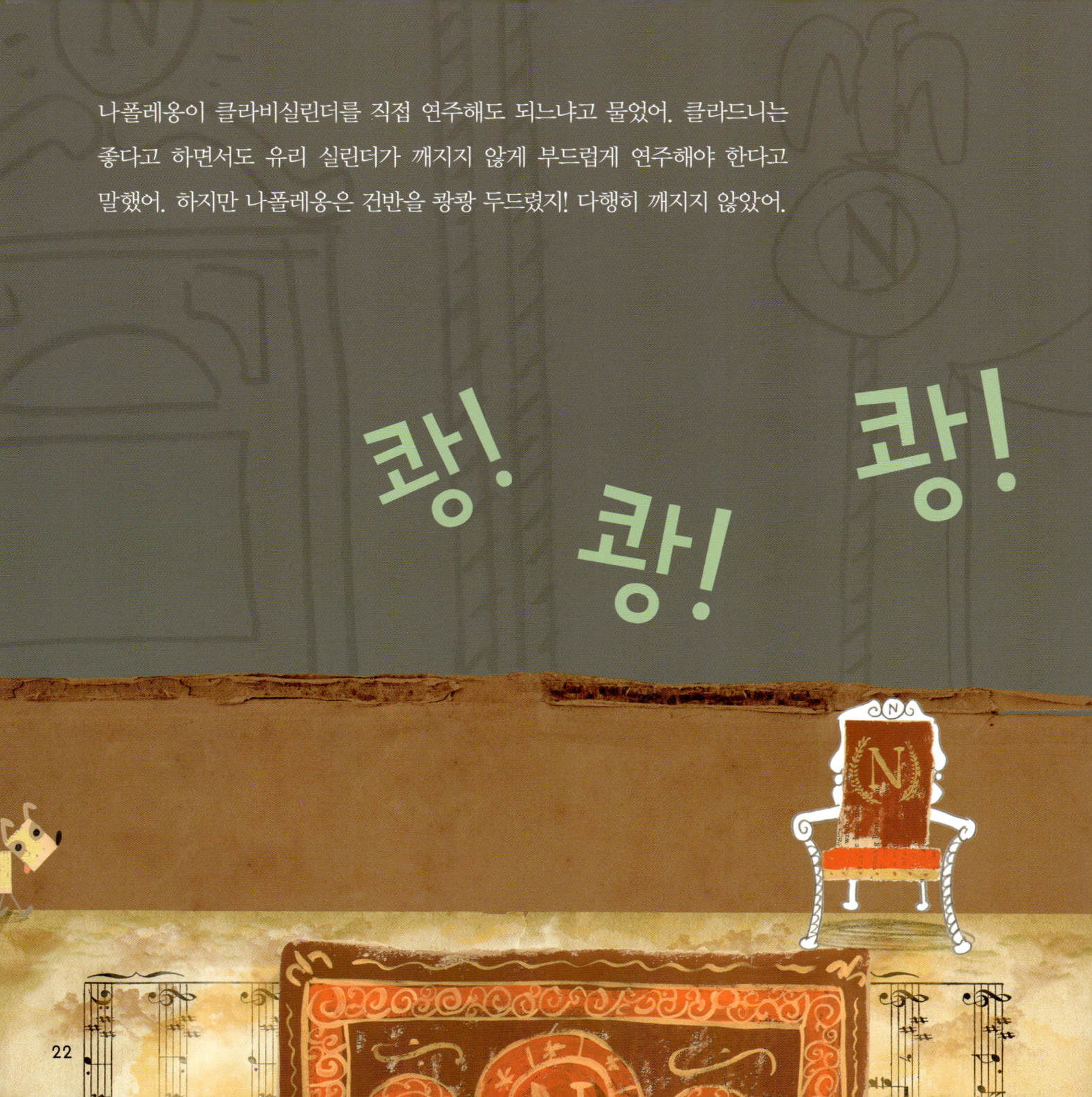

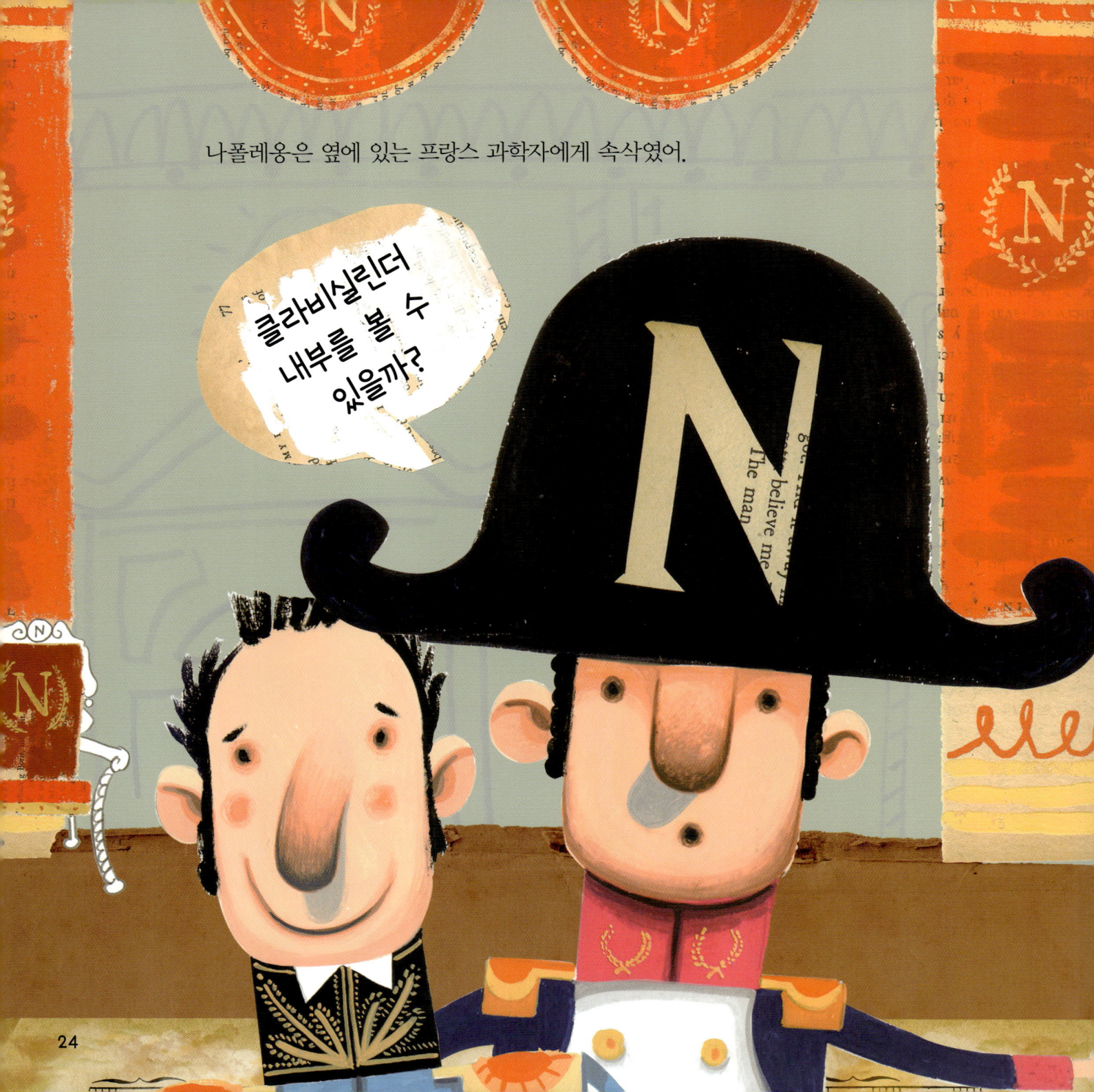

황제의 질문을 들은 클라드니가 대답했어.

이 악기는 아직 비밀이랍니다!

클라드니는 누구에게도 클라비실린더 내부를 보여 주지 않으려 했어. 자신의 발명을 누군가 훔칠 수도 있잖아.

대신 클라드니는 소리 실험을 보여 주기로 했어. 소리는 눈에 보이지 않으니까 연구하기가 매우 어려워. 클라드니는 처음에 악기의 현을 진동시켜서 어떻게 소리가 만들어지는지 연구했어. 다음에는 파이프오르간 속 공기 안에서 소리가 얼마나 빠르게 움직이는지를 연구했지. 하지만 클라드니의 가장 유명한 소리 실험은 금속이나 유리 같은 단단한 물체를 통해 소리가 어떻게 전달되는지 보여 주는 실험이었어.

기타 – 현의 진동

파이프오르간 – 공기 기둥의 진동

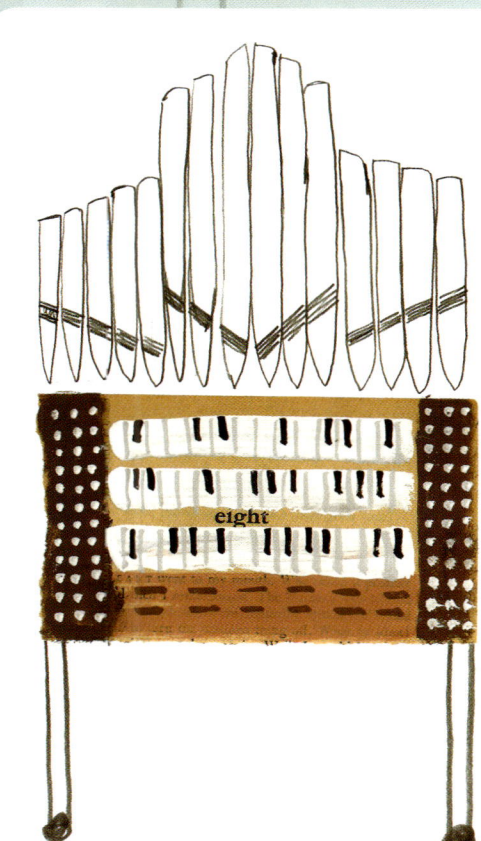

클라드니는 황동판 중심을 지지대에 고정하고 소리 실험을 시작했어. 황동판 표면에 모래를 뿌리고, 바이올린 활로 황동판의 가장자리를 문질렀어. 그러자 황동판이 진동했고, 진동이 일어나자 모래가 요동쳤어. 모래가 진동하지 않는 곳으로 모이면서 무늬가 만들어졌지. 소리가 낮을수록 단순한 모양이 되었고, 높을수록 복잡한 모양이 되었어.

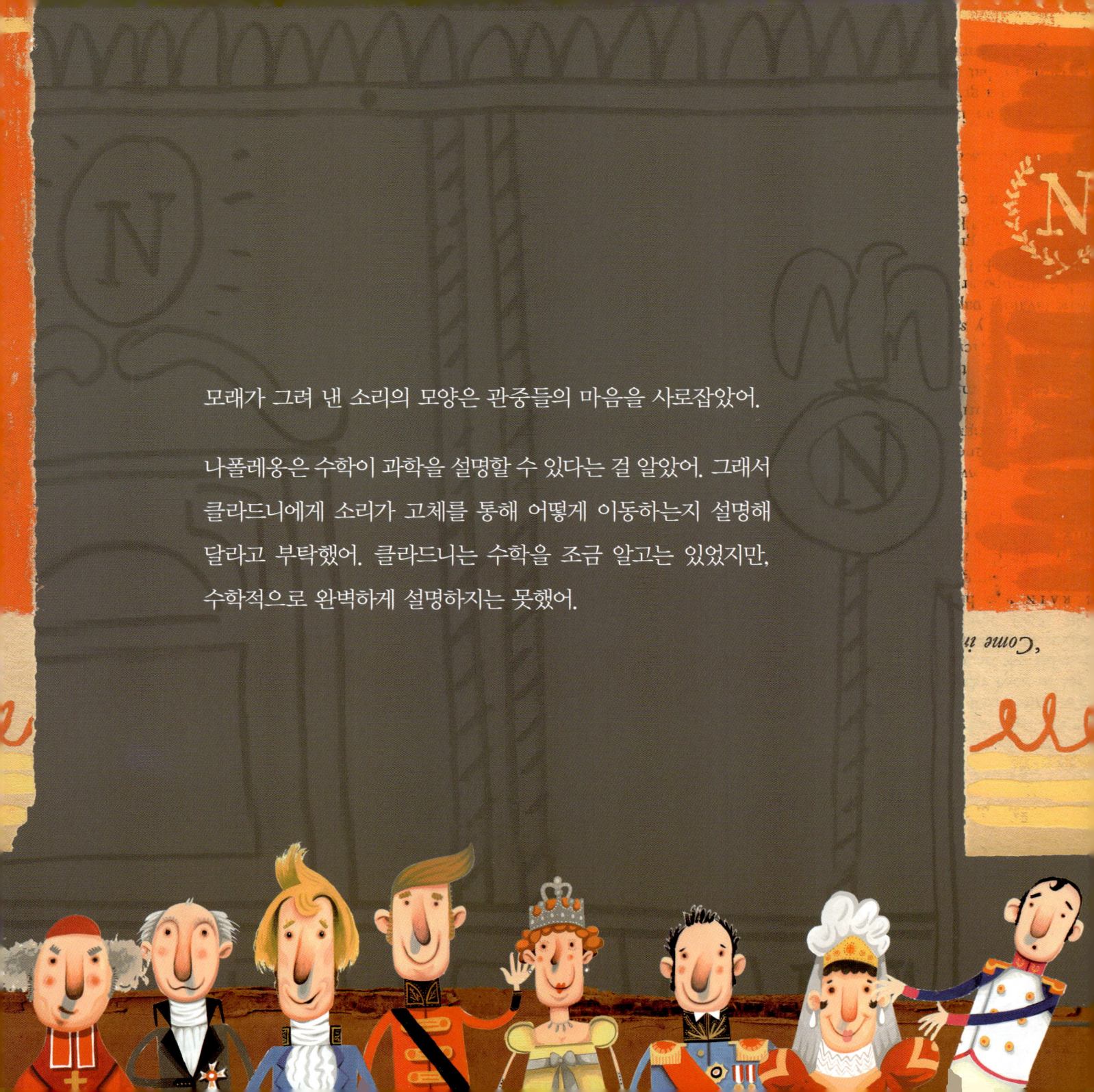

모래가 그려 낸 소리의 모양은 관중들의 마음을 사로잡았어.

나폴레옹은 수학이 과학을 설명할 수 있다는 걸 알았어. 그래서 클라드니에게 소리가 고체를 통해 어떻게 이동하는지 설명해 달라고 부탁했어. 클라드니는 수학을 조금 알고는 있었지만, 수학적으로 완벽하게 설명하지는 못했어.

모래가 만든 클라드니의 소리 모양

다음 날 아침, 나폴레옹은 클라드니에게 《음향학》을 프랑스어로 번역하라고 6천 프랑을 보냈어. 클라드니가 몇 년 동안 번역하면서 편안하게 살기에 충분한 돈이었지.

이 책을 프랑스어로 옮기는 일은 어려웠어. 예를 들어, 독일어로는 소리의 울림이나 높낮이, 강약에 따라 각각 다른 단어를 썼지만 프랑스어는 모두 한 단어로만 표현할 수 있었어. 이런 문제 역시 프랑스 과학자들이 도와주었어.

1809년 11월, 마침내 《음향학 개론》이 프랑스어로 출간되었어.
머리말에 클라드니는 이런 헌사를 썼어.

나폴레옹 황제께서는
이 책에 실린 기본적인 실험들을
보신 뒤 이 책을 바쳐도 된다고
허락하셨다.

과학사학자들은 클라드니의 책이 혁명적이라고 말해.
이 책으로 음향학이라는 새로운 과학 연구가 시작되었어.

과학자의 실험을 따라가 볼까요?

소리

나는 '소리'에 관심이 많은 독일의 물리학자 에른스트 플로렌스 프리드리히 클라드니예요.

소리가 뭘까요?

상자나 막대기에 고무줄을 늘여 끼워 보세요. 그러고 나서 손가락으로 고무줄을 튕겨 보세요. 소리가 나죠? 이때 소리를 내는 건 고무줄일까요? 그렇지 않아요. 고무줄을 그대로 두었다면 소리가 나지 않았을 테죠. 고무줄이 튕겨 진동했기 때문에 소리가 만들어진 거랍니다. 공기나 매개체가 소리를 내는 물체의 진동을 받아 생기는 파동을 '음파'라고 해요. 소리는 이 음파가 귀청을 울려 귀에 들리는 것을 말합니다.

음향학의 아버지

"사람들은 나를 '음향학의 아버지'라고 해요. 실험과 음악을 이용해 유럽 전역 사람들을 즐겁게 하고 가르치는 일을 했죠. 특별히 내가 1802년에 펴낸 《음향학》에도 소개된 여러 소리 실험이 유명했답니다. 프랑스 파리의 동료 과학자들도 이 책과 내 연구에 관심이 많아 프랑스어로 이 책을 번역하도록 적극적으로 도와주었어요. 생활비와 연구비 지원을 받기 위해 나폴레옹 황제 앞에서도 소리 실험을 보였답니다.

나를 '운석학의 아버지'라고도 해요. 운석이 우주에서 왔을 거라고 말한 최초의 사람이 바로 나예요. 유럽을 여행하면서 40개가 넘는 운석을 수집했고, 강연과 전시를 하기도 했죠. 달의 분화구 중 하나에 '클라드니'의 이름을 붙여 나를 기리고 있어요."

"나는 소리를 연구할 때, 여러 물체와 물질을 이용해 진동이 어떻게 만들어지는지를 연구했어요. 그러면서 클라비실린더라는 악기를 발명했어요. 클라비실린더는 건반을 누르면 마찰을 일으키는 막대가 실린더에 닿고, 그 진동이 철막대기에 전해져 소리가 나죠. 철막대기가 구부러지는 정도를 조절하면서 소리를 조율할 수 있어요. 파이프오르간을 이용해서는 공기 속에서 소리의 속도를, 기타나 바이올린 같은 악기로는 현의 진동을, 금속판이나 유리 등으로는 고체의 진동을 연구했어요."

소리 실험

클라드니의 무늬

클라드니는 황동판과 모래를 이용한 소리 실험으로 보이지 않는 소리도 모양이 있다는 것을 보여 주었어요. 1초 동안에 진동하는 횟수를 '주파수'라고 하는데, 저주파에서 고주파로 올라갈수록 복잡한 무늬가 만들어져요. 클라드니의 소리 실험으로 모래가 그려 내는 모양을 '클라드니의 무늬'나 '클라드니의 도형'이라고 해요.

소리의 수학

나폴레옹 황제는 클라드니에게 음파가 어떻게 이동하는지 수학적으로 설명해 보라고 했지만 클라드니는 설명할 수 없었어요. 그러자 나폴레옹 황제는 음파의 이동을 수학적 이론으로 정리하는 사람에게 3천 프랑의 상금을 내걸었어요. 1816년 프랑스의 수학자 소피 제르맹이 파리 과학아카데미에서 이 상금을 받았어요.

과학은 호기심에서 출발해요.
'보이지 않는 소리를 어떻게 볼 수 있을까?' 하는 호기심에서 '음향학'이 시작된 것처럼요.

과학자처럼 시리즈로 과학 공부, 준비~ 시~작!

초등학교 3학년부터 '과학'을 본격적으로 배우기 시작해요. 호기심이 한창 왕성할 시기라 '과학'을 좋아하는 친구가 많은 반면에 어렵지 않을까 겁부터 먹는 친구들도 있다고 하죠? 하지만 무엇을 배우든지 의미와 목표, 방향을 알고 시작하면 재미는 커지고, 힘든 고비를 넘어설 때는 자신감이 생기기 마련이죠! **과학자처럼** 시리즈는 과학 공부를 준비하거나 시작하는 친구들과 과학 공부를 조금 힘들어하고 어려워하는 친구 모두를 위한 책이랍니다. 초등 과학 교과 과정의 목표와 방향, 그리고 과학 학습을 통해 얻는 다섯 가지 핵심역량을 과학적 사건과 인물을 통해 자연스럽게 알려 주거든요.

아하! 과학을 공부하면 이런 힘을 기를 수 있구나!

과학자처럼 시리즈는 과학의 역사를 바꾼 사건과 주인공 이야기입니다. 과학자는 놀랍도록 신비한 우주와 자연의 원리를 탐구해서 밝혀냅니다. 과학이 역사를 바꿨다는 건 세상을 바꿨을 뿐만 아니라, 우리가 세상을 바라보는 방향과 생각하는 방식이 바뀌게 되었다는 것도 뜻한답니다. 그렇다면 이렇게 엄청난 힘이 있는 과학을 연구하는 과학자는 어떤 사람일까요? 혹시 머리가 엄청 좋은 사람만 과학자가 될 수 있을 거라고, 그래서 나와 상관없다고 생각하는 친구가 있나요? **과학자처럼** 시리즈를 읽으면, 꼭 그렇지만은 않다는 걸 발견할 거예요.

그뿐만 아니라 아래와 같은 질문에도 답할 수 있게 될 거예요. 무엇보다 '과학'을 공부하는 이유와 목적, 그리고 과학을 공부하면서 얻어지는 학습 능력은 다른 교과를 공부할 때도, 일상생활을 할 때도 큰 힘이 된다는 걸 꼭 기억하세요.

과학자처럼 알면 알수록 신나는 것을 찾아 푹 빠져 보세요.

- 과학자는 어떻게 세상을 바라볼까?
- 과학자는 무엇을 궁금해할까?
- 과학자는 궁금한 것을 어떻게 해결할까?
- 과학자는 어떻게 탐구할까?
- 과학을 공부하려면, 또 과학자가 되려면 무엇이 필요할까?

과학자처럼

과학자는 놀랍도록 신비한 우주와 자연의 원리를 탐구하고 밝혀냅니다. '과학자처럼' 시리즈는 과학사에 한 획을 그은 과학자와 업적을 통해 '과학을 공부하는 힘'을 발견하도록 돕습니다.

과학자처럼 ① 다윈의 난초 130년 만에 증명된 예측

과학은 질문하고 답을 찾아가면서 발전합니다. 때로는 시간이 오래 걸리기도 합니다. 다윈은 꿀샘이 긴 난초가 어떻게 꽃가루받이를 할지 궁금하게 여기다가 긴 주둥이를 가진 나방이 존재할 것을 예측합니다. 이 예측은 무려 130년이 걸려 증명되었습니다.

과학자처럼 ② 패러데이의 촛불 양초 한 자루가 던진 질문

과학자들에게는 '당연한 것'이 없어 보입니다. 주변의 모든 현상에 물음표를 달고, 기어이 답을 찾아 느낌표로 바꾸려 합니다. 마이클 패러데이 또한 촛불 하나를 놓고 '왜 이런 일이 일어날까? 원인이 뭘까?' 질문하며 즐거운 크리스마스 강연을 펼칩니다.

과학자처럼 ③ AI와 인간 알파고는 어떻게 이세돌을 이겼을까

2016년, AI 알파고와 이세돌의 바둑 대결이 있었습니다. 결과는 알파고의 승리! 과연 AI는 인간보다 더 똑똑해질까요? AI를 두려워하거나 경쟁 상대로 여기기보다는 어떻게 함께 살아갈지 상상해 보면 어떨까요? 과학자처럼!

과학자처럼 ④ 클라드니의 소리 소리가 보이는 모래 실험

과학자는 좋아하는 것에 푹 빠져서 연구하고 또 연구합니다. 물리학자 클라드니는 '소리'에 관해 궁금해하며 악기도 발명하고 《음향학》 책도 씁니다. 게다가 황동판과 모래를 이용한 실험으로 보이지 않는 소리의 모양을 보여 주는 데 성공합니다.

달시 패티슨 글 | 피터 윌리스 그림 | 김경연 옮김 | 44쪽 | 각 권 13,000원

과학자처럼 ⑤ 에딩턴의 일식 아인슈타인의 상대성이론을 증명하다

과학자처럼 ⑥ 휴 베넷의 토양 환경학자, 땅에 생명을 불어넣다

* 과학자처럼 시리즈는 계속 출간됩니다.